Lee Jin-Yeob

시인 이진엽

겨울 카프카

이진엽 시집

겨울 카프카

시학
Poetics

■ 시인의 말

햇빛이 쏟아지자 모든 존재가 빛을 반사하며 흔들린다. 세계 속에 던져져 제 빛깔과 소리로 살아 숨 쉬는 것들, 그 생의 울림은 어디로부터 오는 것일까?

그렇다. 빛과 그림자, 삶과 죽음, 시대와 역사에서 파생되는 그런 의문 때문에 나는 또 시를 쓴다. 그러므로 이번에 선보이는 시들은 대부분 실존과 현실의 두 축에서 우러나온 것들이다.

오랜만에 얼굴을 내민다. 침묵은 길었지만 그동안 수없이 벼려 온 내면의 언어들을 거둘 수 있어서 기쁘다. 해설을 써 주신 박호영 교수님께 감사드리며…….

2013년 4월
이진엽

차 례

제1부 숟가락에 대한 명상

제2부 투명한 벽

제3부 여름 숲으로 나는 간다

제4부 창포꽃 한 송이

제1부

숟가락에 대한 명상

숟가락 소리

밥사발에 숟가락 부딪치는 소리가
풍경 소리보다 더 맑고 청청하다
저 소리 나는 곳에 사람이 살고 있고
기쁨과 슬픔도 다북쑥처럼 엉켜 있다
하루에도 세 번씩
이승 멀리 번져 가는 쾌청한 울림들
목탁 치는 소리가 어찌 절집에만 있으랴
삶은 어지러워도
밥을 먹는 순간만은 사문沙門*의 몸짓으로
그저 순하게 하루의 업을 닦는다
아, 세상에서 가장 뜨거운
밥사발에 숟가락 부딪치는 그 소리

---

* 출가하여 수행하는 사람.

바람과 벌판

빨간 신호등이 켜지자
차들은 일제히 정지선 부근에 멈춰 섰다
잠시 무인도처럼 적막해진 교차로
아침 햇살을 부리로 길게 끌어당기며
한 무리 까치 떼가 무엇을 열심히 쪼고 있었다
자세히 바라보니 간밤에 깔려 죽은 듯
잿빛 들고양이의 터진 내장과 살점을
게걸스럽게 먹고 있었다
죽음이 삶을 향해
목쉰 소리로 끝없이 외쳐도
귀를 막고 들리지 않는 저 낯선 때와 곳
까치들은 그저 아무 일도 없는 양
가벼운 깨금발로 탐식을 즐기고 있었다
오직 바람과 벌판뿐인
생의 한가운데서 나는 새삼 누구인가를
골똘히 생각하던 그 순간
문득 바뀐 신호에 차들은 앞으로 튕겨 나가며
흩어진 살점들을 다시 짓뭉개고 있었다

깊은 곳에 그물을
— 담쟁이

우리가 아직 잠에 빠져 있을 때
누가 밤새 배 한 척을 이끌고 왔나
수많은 초록의 물고기 떼가
그물에 걸려 퍼덕이는 저 벽
누가 목선을 가파른 곳에 정박시킨 채
싱싱한 청보석을 끌어올리나
보았지, 영혼의 귀를 열고
호수 깊은 곳으로 그물을 던지면
저렇게 넉넉히 거두는 것을
그러나 우리는
너무 얕은 곳에서 늘 가쁘게 숨 쉬며
사랑을 말하고 인생을 투망질해 왔지
알겠거니, 우리가 마침내
생의 심연으로 삐걱삐걱 노 저어 갈 때
저 옹벽에선 다시 초록 물고기 떼가
바람에 팔랑이며 비밀 하나를 속사여 준다

'깊은 곳에 그물을!'

벽의 바깥

한 중년 사내가 엉거주춤한 자세로
마을 앞 산책로에서 오줌을 누고 있었다
남의 시선은 아랑곳 않은 채
그 길섶에서 방뇨를 즐기고 있을 때
주인의 퉁퉁한 엉덩이를
덩치 큰 셰퍼드가 뒤에서 지켜보고 있었다
개가 없을 때는
그저 스쳐 갈 일상의 장면이었지만
개로 인하여 인간의 조건이 씁쓸해진
그 순간에 사르트르*가 생각났다
왜, 오줌에 젖은 사내에 겹쳐져
내 감춰진 본능도 거울에 비친 듯 드러날 때
자꾸만 구토증이 나는 것일까
사람은 깊고 높은 것
그러나 포장을 찢고 벽의 바깥으로 나오면
저렇게 실존하는 한 인간을 만난다
지금, 그리고 여기서

온몸을 꿈틀대는 나를 만난다

---

* 장 폴 사르트르(1905~1980) : 프랑스의 철학자.

고요한 낙동강

그 날 나는 강변에 있었다
한 쌍의 왜가리가 물보라를 일으키며
천천히 내려앉는 낙동강
나는 무릎까지 바지를 걷어 올린 채
얕은 물가를 거닐고 있었다
바람이 실어 준 악보를 적시며
낮은 음계로 흘러가는 물살들
영원의 어디쯤으로 켜켜이 쌓여 가는
푸른 물결을 나는 우두커니 보고 있었다
아득히, 모래톱 먼 곳으로
젖은 생애를 부리고 가는 물새 몇 마리
우리도 저렇게 미지의 포구로 흐르기 위하여
세월의 물살에 드러누워야 하는가
나는 맨발로 물살을 찼다
수억 년의 시간들이 잔모래와 뒤섞여
가볍게 발등에서 부서져 내렸다
아, 이제는
저 강물을 바라보며 흐르는 법을 배워야 한다

견고한 둑을 허물고
내 마음 깊은 곳까지 물살이 밀려오도록
더욱 낮게 엎드려야 한다
불현듯 왜가리가 높이 날았다
나는 물끄러미 새의 행방을 지켜보며
끝없는 시간 속에 발을 그냥 담그고 있었다

거울과 수탉

수탉 한 마리
마당에서 놀다가 툇마루로 뛰어올라
갑자기 푸드덕댔다
벽에 걸린 큰 거울
그곳에 비친 제 모습을 흘겨보고는
목덜미의 털을 세운 채 계속 싸움을 걸고 있었다
저 단조롭고
무의미하게 반복되는 한낮의 몸짓들
잠시 그것을 보자 내 마음도 어둑해졌다
세계는 거대한 거울
그냥 맹목적으로 앞만 노려보며
우리도 그렇게 온몸을 던지며 살아왔다
그 캄캄한 생의 의지
문득 저 어둠 쪽으로 불을 환히 지르며
아니야, 라고 외치고 싶었다
돌 하나를 햇빛 속에서 집어 들어
수탉을 향해 휙, 던지며

시의 힘

그대의 방으로 들어섰을 때
나는 잠시 놀랐었지
가을 들판이 그려진 액자
그 곁에 세워진 책장의 모서리 밑에
누군가의 시집 한 권이 꼬옥 깔려 있음에
아냐, 놀랄 것도 없었어
균형을 맞추기 위하여
그대는 얼마나 책장과 씨름하다가
그 지혜를 얻었겠는가
한 권의 작은 시집
그것이 얼마나 우리의 삶에 소중한가를
그대는 절실히 느꼈으리
비록 읽히진 않아도
혼신의 힘으로 무거운 원목을 받치고 있는
저 시집의 넉넉한 힘
시의 언어가 모이면 얼마나 굳센가를
그대는 비로소 깨달았으리

작은 존재가 열릴 때

황량한 겨울 들판
은행나무 꼭대기에 까치 한 마리 앉아 있다
튼튼한 우듬지가 아니라
하느작대는 가지에 위태롭게 앉아
바람에 잠시 흔들렸다
아무도 올라갈 수 없는 곳
높디높은 극한에서 외롭게 쪼그려 앉아
무엇을 생각하는 것일까
이따금씩 드센 바람에
딱 따악 부딪치는 나뭇가지들
남은 햇살 몇 줌을 가볍게 머리에 이고
새는 허공을 보고 있었다
모든 것에서 벗어난, 조용하고 가파른 곳
그 적막한 순간에 햇빛을 가득 받으며
존재는 문득 열리는 것일까
오직 혼자일 때
우리도 그렇게 닫힌 문을 열고
깊은 곳으로 되돌아간다

겨울 카프카

밤새 한파는 몰아치고
아침이 되어도 길들은 좀체 풀리지 않았다
눈바람 부는 플랫폼
낮게 드리워진 한랭전선을 밟으며
낡은 열차에 몸을 실었다
프란츠 카프카*
그 쓸쓸한 이방인을 생각하며
나는 어느새
주머니 속의 동전 몇 닡을 만지작거리고 있었다
성에와 함께 녹아내리는
차창 밖 세상의 고달픈 시간표들
불현듯 손등으로 창문을 조금 닦아 내자
겨울강 한 자락이 판화처럼 찍혀 왔다
어디로 가는 것일까
내 젖은 한 생애에 뜨거운 증기를 끼얹으며
낡은 열차는 어디로 향하는 것일까
차창이 몹시 덜컹댔다
승냥이 몇 마리가 눈발을 헤치며

목을 젖힌 채 벼랑 끝에서 우는 환영이
유리창에 어른거렸다
카프카여, 지금은 깊은 겨울
모두가 무표정하게 조간신문을 읽거나
두터운 외투 속에 얼굴을 파묻고 있는데
멀고 먼 프라하**
허무의 그 거리에도 눈이 내리고 있는가
쓸쓸한 침묵의 도시
바람과 불확실만이 뼛속을 파고드는
회색빛 종착역으로 열차는 자꾸만 빨려들었다
그렇다, 모든 것은 저마다
깊이도 알 수 없는 눈보라 속으로
순간순간 내던져질 뿐
아무도 따스한 포옹으로
이 낯선 시대를 껴안을 순 없다
나는 나,
다만 혼자서 터널 밖으로 신호를 보내며
어두운 시간을 뚫고 끝없이 빛을 찾아야 한다

다시 차창이 흔들렸다
아직도 사람들은 표정 없는 얼굴로
껌을 씹거나 나른한 잠에 빠져 있고
퍼붓는 눈발을 사납게 헤치며
낡은 겨울열차는 기적 소리를 길게 울렸다

---

* 프란츠 카프카(1883~1924) : 체코의 작가.

** 체코의 수도.

그리고 단순하게

복잡하게 그리고 단순하게
우리의 삶은 흘러가는 것일까
아주 미세한 바람에도 가볍게 헝클어지던
젊은 한때의 순간들
천만 겹 엉킨 가슴에 술병들이 나뒹굴며
얼마나 숱한 날들을 불의 언어로 살아왔던가
그러나 세월은 가고
가을 녘 숲길을 조용히 거닐 때
그토록 가슴 죄던 안타까운 것들이
영원의 길목에선 한 장 낙엽이라는 사실을
비로소 깨닫는다
어지럽게 엉키다가 마침내 풀려 가는
우리들의 짧은 생애
혼돈의 시간도 무성했던 잎새들도
때가 되자 저렇게 제자리로 가고 있다
복잡하게 그리고 단순하게

연鳶의 독백

실에 매달려 있을 때는 몰랐다
공중을 떠돌다 곤두박질친 이곳
그제야 나뭇가지임을 알았다
바람에 살갗이 파르르 떨릴 때마다
생은 또 불안하다
산다는 건 흔들린다는 것
저마다 바람을 타고 한껏 파닥일수록
이렇게 갑자기 꽂혀 버린다
묻노니, 시시포스*여
이 피할 수 없는 수직의 운명 앞에
왜 분노하고 싶은가
바람 부는 가지 끝
스산한 허공에 걸려 나는 비로소 말한다
추락하는 것들은 완강히 땅에 맞서
온몸 흔들며 떨어진다는 걸

---

* 그리스신화에 등장하는 인물.

겨울바다가 깨운다

겨울바다에 눈이 내린다
작은 포구엔 어선 몇 척이
안개를 헤치며 정박의 신호를 보내고 있었다
눈발에 갇힌 작은 섬들
모든 것이 얼어붙어 세상은 적막해도
바다는 결코 눈감지 않았다
바람이 불 때마다
드센 파도를 가파르게 일으키며
끝없이 생멸을 되풀이하는 저 바다
가끔 갈매기들은
흑백사진으로 인화된 우리들의 한 생애를
젖은 날개에 실어 바람에 띄워 보냈다
스쳐 가는 아픈 기억들
그리고 밀려오는 미지의 두려운 시간들
파도는 이 모두를 쉴 새 없이 뒤집으며
그저 묵묵히 새로운 바다를 만들고 있었다
그래, 이제는
엉킨 가슴을 저 해풍으로 씻어 내며

다시 꿈을 품고 집으로 돌아가자
삶이 어두워질수록
푸른빛의 파도 소리를 마음 깊이 묻으며
내일은 또 해돋이 쪽을 보아야 한다
겨울바다, 눈 내리는
작은 포구엔 거듭 닻줄이 내려지고
배들은 천천히 불빛을 깜빡이며
거친 숨소리로 안개를 헤치고 있었다

꺼지지 않는 사랑
— 장작

나는 지금 편안하다
이렇게 뒤뜰에 비스듬히 드러누워
그대의 도끼날에 온몸을 맡긴다
내 심장을 겨누며
수차례 내려찍는 싸늘한 쇠의 날
그러나 나는 또
이 겨울을 떨고 지낼 그대를 생각하며
아프게 쪼개어진다
으깨어질수록 깊어 가는 내 사랑
마침내 날이 저물고 불꽃이 지펴질 때
무쇠솥이 달아오른 방구들 깊숙이
뜨거운 잿가루로 가라앉는다
오, 꺼지지 않는 불의 혼
수없이 찍혀져 뼈와 살이 흩어져 가도
오늘밤엔 사랑이여
아직 식지 못한 내 뜨거운 가슴에
상처로 가득한 그대 생애를 묻어 다오
시린 손이라도 묻어 다오

손톱 깎기

손톱을 깎는다
딱, 따악 튀어 오르는 한낮의 파열음
작은 물보라를 일으킨다
부러진 톱날처럼 이리저리 튕겨 나가며
헌 신문지에 내리꽂히는 비수들
끝없이 손가락 위를 비집고 나온다
깎을수록 자라나는 독기毒氣들
내 마음속 어둠도 무언가를 헤집으며
날마다 대가리를 내민다
캄캄한 심연 속에서 죽순같이 돋아나는
불꽃 혹은 충동들, 그걸 죄라 부르랴
모두가 잠든 그때
아무런 통증 없이 속살 밖으로 손톱이 자라듯
내 죄의 촉수도 늘 고통 없이 웃자란다
온 힘으로 눌러도 다시 돋아나는 것
아픔이 없으므로 죄의 바다는 고요하다
젠장, 손톱을 깎다가 이게 뭔가
어쭙잖게도 생의 철학을 다 하다니

숟가락에 대한 명상

새로 지은 고층 아파트
숟가락 하나가 땅에 떨어져 있었다
높이 오르던 이삿짐에서 맹렬히 떨어진 듯
손잡이가 휘어져 있었다
누군가의 입안을 열심히 들락대다가
최후를 맞이한 저것
반짝, 햇살 몇 점이 눈부시게 반사되었다
맛있다 맛있다 밥을 거푸 씹으며
이리저리 핥아 주던 주인의 혓바닥
그러나 이젠 그를 더 이상 찾지 않았다
그렇다, 삶 속엔 언제나
나와 세계 사이에 어떤 뒤틀림 같은 것이
운명적으로 존재한다
삶과 죽음, 혹은 사랑과 권태가
서로를 껴안고 한 몸뚱이로 뒤엉킨 채
기우뚱한 모습으로 휘어져 있다
이 잔혹한 패러독스!
그러므로 죽음이 바로 곁에 서성여도

우리는 그저 아무것도 모르고
다시 밥을 다독이며 숟가락질을 하고 있다

마지막 박수

오늘은 낙엽을 조금 밟았다
잠시 나 혼자 생각하고 싶었다
비스킷처럼 바스락대는 마른 가슴과 영혼들
내 마음의 커피 잔에 천천히 녹고 있었다
바람이 불 때마다
아니야, 아니야라고 고개를 흔들었지만
이렇게 빨리 따스한 사랑이 저물 줄은
미처 몰랐었다
어느 날 갑자기 바람은 불어와
가벼운 것 모두가 가지 하나를 붙잡고
아픈 생애를 흔들릴 때
악착같이 움켜쥔 그 손 피로 물들어
대지 위로 떨어져 내린다
아, 저 잘린 손바닥들
다시는 뜨겁게 박수를 보낼 순 없지만
이젠 조용히 시간 속에 드러누워
부서진 꿈을 덮어 줄 흰 눈발을 기다린다

제2부

투명한 벽

발견

태풍경보가 내리던 날
스티로폼 한 장 바람에 떠다니고
작은 고추잠자리도 떼를 지어 날고 있었다
바람이 드세어지자
가벼운 스티로폼은 이리저리 흔들리다가
맥없이 추락했지만
잠자리들은 오히려 바람을 거슬러
아주 평온하게 낮은 비행을 즐기고 있었다
살아 있는 자들의
저 아름다운 한순간의 파닥임
혼신의 날갯짓으로
팽팽한 줄을 타고 바람을 헤치고 있는
존재의 그 놀라움!

오줌을 누며 잠깐

사월의 따사로운 양지쪽
시골집 오줌단지에 오줌을 누면서
돌담 위로 드리워진 감나무 가지를 보았다

해묵은 감나무
메마른 가지엔 연두색 조끼를 입고
어린 싹이 돋고 있었다

시간 저편의 알 수 없는
영원한 손길이 잠긴 빗장을 풀면서
연초록의 손톱을 막 내밀기 시작했다

하늘의 한 끝과
땅의 한 끝이 뜨겁게 핏줄을 이어 보는
저 아름다운 순간의 떨림

하아, 하고 나는 입만 조금 벌리고
남은 오줌을 마저 탈탈 털었다

압력밥솥

삶이 어찌 기쁨만 있으랴
슬픔의 낱알들을 가슴에 파묻고
밤이 지새도록 조용히 다져 본다
억새풀처럼 웃자란 오늘 하루의 상념들
쓰라린 상처마저 베개처럼 껴안고
회색의 벽 앞에서 뜨거운 김으로 토해 낸다
그대여, 또 내일 산마루에 먼동이 터 오면
딸그락딸그락 신호를 보내면서
내 잠을 깨워 다오
아픔이 익고 익은 그 하얀 쌀밥을
성호를 긋고는 한 공기만 먹고 싶구나
삶의 안쪽은 아우성이다
그러나 빛을 받으면 모두 아름답게 반짝인다
시간의 깊은 곳
밤새 울부짖으며 뜨겁게 끓다가도
아침이면 소복이
영혼의 빈 그릇에 함박눈으로 담기듯이

균형

작은 산새 한 마리
힘찬 날갯짓으로 높이 파닥이다가
오리나무 가지 끝에 사뿐히 내려앉는다
순간 나뭇가지가
적막을 깨트리며 몹시 흔들렸지만
새는 이내 몸의 평형을 되찾으며
가볍게 날개를 접는다
풀대같이 연약한 마른 가지 위에서
추락하지 않을 만큼의 균형점을 가늠하며
정확히 내려앉는 새의 낙하법
맑은 울음소리가 잠시 숲 속으로 번진다
세상의 우리들은
언제나 어느 한쪽으로 심하게 기울어
깊은 수렁 속에 곤두박질치지만
새들은 결코 위태로운 분할로
나뭇가지 끝에서 떨어지지 않는다

아름다운 끝

가을산 가득히 바람이 불고 있다
클라라, 함께 천천히 숲길을 걸어 보자
우린 오늘 아침 고해성사를 보았지
마음은 기쁘고 발걸음도 가벼워라
곱게 물든 잎새들 어깨 위로 내릴 때
클라라, 우리의 끝도 한 사흘만 흔들리다가
저토록 아름답게 떠나갈 수 있을까
조용히, 허공에서 떨어지는 엽서 몇 장들
지난 세월 가슴에 붙은 숱한 가시들도
지금 숲길에선 물살처럼 흘러내린다
클라라, 그래그래
잎은 땅에서 왔으니 대지로 돌아가고
우리는 빛에서 왔으니 하늘로 돌아가야지
목숨은 신비한 것
그리고 밤이 되면 맑은 비누로 손을 씻고
클라라, 낙엽 몇 장을
하얀 책갈피에 따뜻이 끼워 둔 채
추하지 않은 끝을 위해 기도하지 않으련

완강한 옥수수

그대의 삶이 허약해질 때
옥수수 껍질을 벗겨 보라
한 겹 두 겹 삼베처럼 질긴 것들을
서서히 벗겨 가면
작고 단단한 무수한 알갱이들이
그대의 손끝에 닿을 것이다
야무진, 잇몸에 깊이 박힌 튼튼한 옥니같이
무언가를 깨물고픈 몸부림들
조금의 빈틈도 없이
사납게 으르렁대는 그 촘촘한 이빨 앞에
그대는 문득 소스라치리라
우리가 삶에 지칠 때
모든 꿈마저 진흙더미로 무너져 갈 때도
옥수수들은 저마다
한여름의 뙤약볕을 온 힘으로 물어뜯으며
저렇게 익어 가지 않는가
완강한, 완강하므로 아름다운
저 시퍼런 생의 의지

작지만 옹골찬 것들이 서로의 몸을 밀착시키며
어깨가 처진 자들을 노려본다
그대여, 다시는
고개를 숙인 채 터벅이며 걷지 마라
햇빛은 눈부시고
맹렬한 넝쿨들이 여름 숲을 휘감는 지금
우리도 문득 옥수수 하나를 집어 들어
덥석 한 입 깨물어야 한다

시월의 흉터

시월의 낙엽은 쌓여 가고
한적한 욱수골* 시멘트 포장길을
나는 천천히 거닐었다
그때 두꺼비,
길 여기저기에 건포처럼 널브러진
낯선 주검들이 동공 가득히 박혔다
거대한 압착기에 짓눌린 듯
길바닥에 들어붙은 깊은 흉터 자국들
갈빛으로 물든 나뭇잎 몇 장도
그 주변에 흩어져 있었다
잠시 바람이 불자
주검들은 저마다 얇은 몸을 일으키며
양철 소리로 달그락댔다
시간 저편에서 보내는
시멘트 바닥을 치는 싸늘한 쇳소리들
그래그래 뜨겁게 살아갈게
고개를 끄덕, 나도 응답을 하면서

밝은 햇빛 쪽으로 다시 발길을 옮겼다

---

* 필자가 살고 있는 마을 앞 산골짜기 이름.

십 분 동안

— 목 디스크

침대 위에 엎드렸다
경추와 어깨를 후벼 대는 수십 대의 침들
온몸이 움찔거렸다
그 짧은 십 분 동안
움켜쥔 모든 것을 시간 속에 내려놓았다
눈이 내리고 창밖엔
프라이팬에 드러누운 얇은 파전처럼
쓰디쓴 운명 앞에 순종했다
삶은 그렇게
조갯살 같은 속살을 아프게 헤집힐 때
잠긴 문이 열리는 것일까
고통, 그것 때문에
우리는 소같이 큰 눈을 끔벅이며
생의 깊은 곳을 들여다본다
그 짧은 십 분 동안
침상에 엎드려 시간의 바다으로 침잠할 때
나를 되찾는다

숟가락을 꼭 쥐고

식구들이 외출한 집
혼자 국을 끓여 저녁을 먹는다
고요를 깨트리는 밥 씹는 소리
겨울 배춧잎보다 푸르게 생의 의지가 빛난다
따뜻한, 해콩 섞인 현미밥을
입안으로 퍼다 나르는 은빛 숟가락
무한한 신뢰를 그에게 보낸다
사실 우리들 일생은
절반 가까이가 숟가락질이었다
바람 불고 눈 내려도
결코 그것만은 중단할 수 없었다
허허로운 광야에서
삶이 무엇인지 늘 생생히 가르쳐 준
저것은 얼음, 내 맑은 스승인가
저녁을 먹는다
세상의 모서리에서 다만 홀로 던져진 채
숟가락을 꼭 쥐고

투명한 벽

점심 먹으러 가다가 현관 모서리에서
머리를 수차례 유리창에 부딪치고 있는
비둘기 한 마리를 보았다
먹이를 찾으려 했을까
중앙 출입구 안쪽까지 몰래 들어왔다가
인기척에 화들짝 놀라 탈출하려고 버둥댔다
바로 저기
아늑한 둥지가 느티나무 위에 있지만
빤히 보고서도 그는 그곳에 가지 못했다
세계와 나 사이
투명한 벽이 있음을 그는 미처 몰랐으므로
눈부신 어둠 속을 헤매고 있었던 것이다
그럼, 우리는
지난 세월 동안 무엇을 향해 돌진하며
가슴을 부딪치면서 살아왔던가
사랑과 구원,
혹은 별빛이 늘 저쪽에 있었지만
투명하게 눈을 찌르는 이상한 벽을 몰랐으므로

우리는 언제나 그곳에 갈 수 없었다
거대한 유리창
세상은 그렇게 보이지 않는 담장으로
눈을 멀게 한다는 것을 깨닫지 못했으므로
우리는 그냥 보인다고만 소리치다가
충돌의 몸짓만을 되풀이할 뿐이었다
오늘, 급식소로 가다가 우연히 마주친
비둘기 한 마리
존재의 집을 찾으려는 그 절박한 날갯짓으로
내 어두운 두 눈을 맑게 비벼 주었다

똥은 아름다워

쇠똥구리 두 마리
뜨거운 뙤약볕 아래서 쇠똥을 굴리고 있었다
아직도 굳지 않은
분뇨의 연한 곳을 정성껏 반죽하여
찹쌀 수제비처럼 탈탈탈
어디론가 분주히 옮겨 가고 있었다
세상엔 모난 것도 많지만
저것들이 어떻게 둥근 원의 비밀을 알아
저리도 지혜롭게 삶을 풀어 가는가를 생각하니
가슴이 뭉클했다
아무도 가르쳐 주지 않은 것
그러나 신기하게도 삶의 근원이
차가운 파편이 아니라 따뜻한 원형임을
그들은 본능적으로 알고 있었다

똥, 그것이 오늘따라
이렇게 아름답고 깊은 울림인 줄을
나도 처음 느꼈다

뜨거운 편지

— 넝쿨장미

반란하는 것은 눈부신가
오월의 넝쿨장미
끝내 참지 못해 온몸을 밀어내다가
빨간 입술들 철망에 걸려 있네
온종일 햇빛 속에서
그대에게 전해 줄 뜯지 않은 편지 한 통
오므린 입에 물고 이리저리 흔들리네
바람아, 저 입술에 입 맞춰 주어라
끓어오르는 그 사랑
작은 것들이 지르는 대낮의 꽃불에
세상이 문득 밝아지누나
바람아, 다시 한 번
저 주홍빛 편지에 네 입김을 훅 불어서
뜨거운 사연을 쏟아 주어라
가시 돋친 말이 아니라
어두운 세상에 붉은 초롱을 터뜨리며
빛의 가루를 날려 주어라

풀숲의 축제

그 여름
들풀이 우거진 한낮의 못둑 위를
나는 그을린 얼굴로 혼자 서성였다
웃섶으로 튀어 오르며 연신 꽂히는
작은 풀무치들
나는 긴 풀대 하나를 재빨리 뽑아들고
녀석들을 간질여 주었다
가슴 깊이 파고드는 풀숲의 거친 숨소리
온몸은 마냥 달아올랐다
날개를 붕붕이거나
풀잎 여기저기에 가파르게 매달린
푸른 고깔의 난쟁이들
못둑은 차라리 뜨거운 신화의 왕국이었다
먼 곳에서 허우적대는
기침과 먼지뿐인 저 도시의 그림자들
지나온 길목을 긴 삽으로 파헤치며
풀씨 한 줌을 그 바닥에 뿌려 주었다
아후, 숨 막히는 이 자유

야성의 피를 뿜으며 들풀을 흔드는
끝없는 바람은 어디서 불어오는가
모든 것,
살아 있는 모두가 저마다 빛을 쏘아 올리며
가쁜 신호를 주고받았다
숨 쉬는 것들의 작은 꿈의 축제
잠시 손을 내밀면 파란 허파가
한 아름 가득 풀숲에서 묻어 나왔다
그 여름, 야생초가 무성한
한낮의 못둑에는 맥박 소리가 번져 가고
나도 마음속으로 꽹과리를 치면서
생명의 잔치에 흠뻑 빨려들었다

하얀 종탑

하얀 벽이 빛나는 원평성당*
조용히 문을 열고 종탑 안으로 들어갔다
사십 년 만에 찾아 본 이곳
아직도 맨 꼭대기엔 두 개의 큰 종이
긴 줄을 늘어뜨린 채 매달려 있었다
여길 봐, 아빠가 열두 살 때 치던 종이야
줄을 조금 당겨 곁의 딸에게 건네며
작은 얼레에 감긴 추억의 실타래를 풀어 주었다
—댕그랑댕그랑
잠시 머리를 들어 종탑 끝을 올려다보자
보리밭을 가로질러 가난한 마을에 울려 퍼지던
60년대의 종소리가 샘물처럼 눈에 고였다
세월은 흘러가도 영혼은 목마른 것
저 종소리는 오늘도
내 가슴속 미루나무에 별빛같이 걸려 있었다
하얀 벽, 맑은 울림……
어둠은 깊고 세상은 메말라 가도

그 빛의 사랑 하나가 온몸을 사로잡았다

---

* 경북 구미시 소재.

저녁 메시지

다시 저녁이 찾아왔다
만물은 고요히 점과 선을 지우며
깊은 시간 속으로 잠겨 갔다
모든 것은 어김없이
눈부신 빛깔을 어둠에 내맡기며
흑백의 수묵화로 물들고 있었다
삶의 한 끝이
어둠의 뿌리에 조용히 닿는 지금
새들도 잠시
팽팽한 날개를 저마다 접으며
내일의 아침을 위해 기꺼이 죽어 갔다
날마다 되풀이되는
이 끝없는 시간의 메시지
어둠이 없으면 빛도 없다는 것을
바람은 가르쳐 주고 있었다
마침내 팔을 뻗으며
만물을 껴안는 대지의 어머니
그 안온한 품속에 살아 있는 모두는

얼굴을 부비며 파고들었다
저녁, 어둠이 그렇게
수만 개의 깃털로 둥지를 따뜻이 덮어 줄 때
숨 쉬는 것들은 밤새 쌔근대며
빛의 아침을 기다린다

겨울 명륜동

대설주의보가 내리던 날
아주 오랜만에 외투 깃을 세운 채
명륜동을 다시 찾았다
이곳저곳을 기웃대며
기억의 한 모서리를 조용히 밟고 갈 때
세월의 녹슨 시계를 흰 이빨로 물어뜯으며
진눈깨비가 내리고 있었다
아직도 진한 냄새를 풍기는 짜장면집
고량주에 취한 듯 구용丘庸* 선생님의 객기가
흰 눈발에 희석되어 20도의 도수로 흩날렸다
저만큼 혜화동 로터리가 보이는 이 거리
후설**과 하이데거,***
이방의 현상학자들을 옆구리에 쿡 끼고
백면서생으로 떠돌던 그 시절
이제는 모두가 완강한 아교풀처럼
시간 속에 눌어붙어 발아래서 끈적댔다
아무것도 아닌 것
아니, 한때는 내 삶의 전부였던 것

세월의 물살 안으로 손을 깊이 담그며
무수히 젖은 책들을 하구로 띄워 보냈다
모든 것은 그렇게
때가 되면 사라지는 순간의 불꽃들
지금 내 생애의 소중한 진실은
그냥 눈을 맞으며 길을 걷는다는 그것이다
겨울, 명륜동
잠시 고개를 들어 먼 하늘을 바라보면
한 아름 불씨로 흰 폭죽을 터뜨리는
가벼운 눈발들이 지상의 축제를 즐기고 있었다

---

* 김구용(1922~2001) : 시인, 필자의 석사학위 논문 지도교수.
** 에드문트 후설(1859~1938) : 독일의 철학자, 현상학자.
*** 마르틴 하이데거(1889~1976) : 독일의 철학자.

제3부

여름 숲으로 나는 간다

벚꽃 필 때

아침 출근길
낯선 여인들을 잠시 만났다
옷고름 풀어헤치며 하얀 속살을 드러낸
눈이 맑은 숫처녀들
수만 개의 인두를 흰 꽃불 속에서 달구어
내 온몸을 지져 주었다
세상에 이렇게 아름다운 고문이
이렇게 눈부신 낙형烙刑이 있다는 것을
사월에 처음 알았다

숟가락 통사

숟가락을 바라보며 한국 통사를 읽는다
그곳엔 왕후장상의 하얀 쌀밥이 묻어 있는가 하면
등뼈 굽은 돌쇠의 등겻가루도 묻어 있다
사람은 한울 안에 다 사람인데
은수저 딸각이는 옆에 나무숟갈도 투닥댄다
지나온 시간들이 저 숟갈에 이끼로 낄 때
역사의 행간 사이로 밥알이 자꾸 묻어 나온다
그래 이 밥알,
고려 분녀의 눈물인가 조선 얼금이의 한숨인가
뒤돌아보면 우리 역사는
먼지 낀 책이 아니라 숟가락 속에서 흘러왔다
청산리와 다부동,
산비탈 흙 속에 숟갈 하나 남기고 간
젊은 넋들의 가쁜 숨도 그것에서 묻어 나왔다
저 거울, 오천 년을 비추는 유리창
은빛 그 숟가락을 한동안 바라보며
오늘은 한국 통사를 가슴으로 다 읽었다

분홍 줄

산길을 내려오다가
흐드러지게 피어 있는 진달래꽃을 보았다
잠깐, 걸음을 멈추고 가슴에 담았을 뿐
아무 말도 할 수 없었다
세상의 어떤 노래도
어느 시 한 줄도 나를 어루만지지 못했지만
짧은 그 순간 작은 떨림을 느꼈다
돌 같은 마음에 틈이 조금 벌어지고
그 사이로 분홍빛 물결이 찰랑이는 것을
어렴풋이 감지했다
하지만 그게 전부였다
주머니에서 찌르릉대는 휴대폰을 받으며
다시 서둘러 신발 끈을 조여 매고는
산 아래의 먼지 속으로 발길을 돌렸다
내려가기 싫었지만
길은 끝끝내 사람의 마을로 이어져
잠시나마 떨리던 내 영혼의 분홍 줄을
청솔바람에 멀리 띄우며 하산을 재촉했다

태양의 섬

— 우도牛島에서

파도가 밀려오자 섬 하나가 떠올랐다. 풍덩풍덩 원색의 물감을 퍼 올리며 섬은 수채화처럼 빛났다. 청보리와 유채꽃 사이로 일렁이는 바람, 어느새 닫힌 시간들이 수만 겹 빗장을 풀며 활짝 문을 열어 주었다.

태양, 아득한 풀밭 멀리 수없이 날아가는 빛의 칼날이 내 얼굴에 꽂히자 문득 뫼르소,* 담배를 물고 있는 그가 생각났다. 왜, 한낮의 햇빛이 내 이마를 비출 때 불현듯 모든 것에 반항하고 싶은가. 지금 이곳, 죽음과 권태, 저 뭍의 사슬들을 아주 끊어 버린 채 어두운 가슴을 흔들고 싶은가.

문이 열린다. 오래도록 그렇게 눈부신 햇빛을 피할 수가 없다. 깊은 잠을 깨우는 섬, 끝없이 거울을 어두운 가슴에 비추며 유채꽃을 흔드는, 그 섬.

---

* 알베르 카뮈(1913~1960)의 소설 『이방인』에 등장하는 주인공.

풀잎에서 영원으로

나 오래전부터
영원한 것이 있다고 들었지
너무 깊고 아득하여
그것을 나는 허망한 꿈으로만 여겼다네
그러나 저것 좀 봐
우리가 문득 들길을 지날 때
바람 속에 숨어 있는 이상한 숨결이
풀잎 하나를 조용히 흔드는 것을
알 수 없는 곳에서
시작도 끝도 없는 시간 저쪽의 항구에서
바람은 불어와 정박한 배들을 깨우고
영혼의 닻줄도 풀어 주네
그러므로 나는 말하리
풀잎이 바람에 안겨 낮은 소리로 속삭일 때
그곳 가까이 귀를 잠시 열어 두며
영원한 무엇이 있다는 것을

수도승

밤새 삭힌 감이 접시 위에서 빛난다
정수리에 강제로 구멍이 뚫린 채
소주 한 방울 머금고 풀이 죽어 있는 것들
야성의 맛을 잃고 순한 눈을 끔벅인다
어제 밤, 소란했던 회식 자리
우리도 저마다 소주 몇 잔에 젖어서
팽팽한 두 눈을 늦도록 풀었지만
뒤끝은 아주 참담했다
사람아, 네 혀는 왜 그리 날카로운가
상처뿐인 이빨 자국
빛은 언제나 가슴에 닿지 않고
우리는 어둠 속에서 산발한 머리로 엉켜 있다
풀죽은, 그러므로 더욱 눈부신
한 접시 삭힌 감
제 성깔 다 죽이고 밥이 되어 누워 있는
그들이 오늘은 사막의 수도승이있다

사랑의 현絃

교정에서 주운 단풍잎 몇 낱
퇴근길 편지봉투에 넣어 아내에게 전했다
갑자기 웬 봉투, 아내는 문득 놀라
그 속을 열어 보고는 박꽃처럼 웃었다
누가 시인 아니랄까 봐, 잠시 헤헤대며
생전 처음 낙엽을 선물로 받은 것에
신기한 표정을 지었다
아내여, 가도 가도 사막 같은 이 세상
그래도 오늘 저녁 단풍잎 몇 장 전할 수 있어서
마음이 설레는구나
모두가 앞만 보며 삶을 팽팽히 묶어 보지만
이 가을 허리 굽혀 대지를 바라보면
시가 있고 사랑이 있음에 나는 감사드린다
가을 단, 풍
모시치마 끄는 소리로 편지봉투에서 나올 때
삶도 그렇게 맑은 울림 하나로
내 사랑의 현絃을 사르륵 건드려 준다면
얼마나 뜨거우랴

시퍼런 힘

오리나무 물오른 야산
넝쿨을 헤치며 칡뿌리를 찾는다
삽과 괭이를 번갈아 휘두르며
집요하게 산비탈을 파고들면
이윽고 황토 속에서 눈을 부릅뜨고 있는
굵은 뿌리가 손끝에 잡힌다
적막을 깨뜨리는 삽날 소리
온 힘을 다해 밑뿌리를 당겨 보지만
나는 이내 나자빠진다
저 완강한 산의 힘줄
팽팽히 당겨진 푸른 정맥을 펄떡이며
산은 나를 걷어 차 버린다
좀체 끝날 줄 모르는
살아 있는 자들의 힘겨운 몸싸움
거친 숨으로 거듭 뿌리를 당겨보지만
녀석들은 도무지 끄떡도 않는다
맹목적인,
까닭도 모르는 이 끈질긴 생의 의지

뜨거운 칡즙을 위하여
혹은 황토에 더욱 뿌리를 내리기 위하여
우리는 지금
한 치도 서로가 뒤로 물러설 수 없다
살아 있는 모든 것
피가 식지 않은 것들이 억센 손아귀로
저마다 뒤엉켜 시퍼런 힘을 겨루는
봄이 오는 산기슭

금지된 사냥

수발의 탄환을 장전한 채
번득이는 엽총으로 표적지를 겨냥한다
바람에 날리는 무수한 흰 종이들
거짓의 언어와 병든 시인의 혓바닥이
표적지 가운데 박혀 있었다
탕, 탕, 탕
온몸을 이리저리 가쁘게 움직이며
차가운 방아쇠를 거듭 당기자
푸드덕 내리꽂히는 피 묻은 언어들
순간 사나운 개들이 우르르 몰려가
찢어진 시를 물고 왔다
그렇다, 내가 이렇게 숨죽이며
낡은 시의 언어를 싸늘히 겨냥하듯
나의 시도 그 누군가 날카롭게 조준하며
심장을 노리지 않겠는가

살아 있는 시를 쓰자
살, 아, 있, 는 시를 쓰자

시의 혼불

시의 폭약을 온몸에 두르고
저 완강한 절벽으로 달려가
크나큰 파열음으로 바위를 쪼개고 싶다

산산이 튀어 오르는 모난 돌들
그 안쪽을 부수고 부수어
억만 년을 끓어온 바위의 혼불을
끄집어내고 싶다

그리하여 마침내
저 혼불을 식은 가슴에 깊이 심어
영원한 내 사랑
불가마처럼 타오르는 금의 시를 쓰고 싶다

느낌

꽃잎이 달빛에 열릴 때
풀잎이 바람에 흔들릴 때
나는 그것을 다만 느낀다
내 영혼의 미세한 줄들
어떤 작은 울림에도 가볍게 떨리며
나직한 소리로 반향한다
말로써는 풀 수 없었던
많은 의문과 불완전한 것들이
내면의 줄에 닿자 껍질을 깨트리며
신비한 문을 열어 준다
언어는 차가운 너울
수만 번 그것을 찢고 뜯어내면
마침내 꽃의 핏줄에
그대의 가슴이 닿으리라

느낀다
그러므로 나는 존재하며
모든 것과 하나가 된다

금빛 종소리

고통은 욕된 것인가
잠시도 피할 수 없는 그것
천만 겹으로 밀봉하여 땅속 깊숙한 곳에
그 아픔들을 삽으로 파묻는다

세월은 흘러가고
먼 후일 누군가 이 길목을 파헤칠 때
문득 작은 종 하나가 손끝에 만져지면
그 종을 걸어 두고 몇 번만 울려 다오

내 눈물과 약봉지들
모든 아픔들이 깊은 땅속에서
굳게 다져져 빛나는 금이 되었음을
어두운 세상 끝까지 맑은 소리로 전해 다오

여름 숲으로 나는 간다

마음이 갑갑할 땐 야생지대로 나는 간다
그곳에는 숲과 들풀
엉킨 넝쿨들이 잡목 숲을 휘감고 있다
원시의 숨소리가 묻어나는 계곡
나는 풀잎을 만진다, 껴안는다, 뺨을 비빈다
아무도 밟지 않은 숲으로
맨살을 베이며 숨 가삐 걸어가면
팔뚝을 쏘아대는 작은 날벌레들
온갖 잡목들도 야성의 가지를 추켜세우며
아주 맹렬하게 나의 얼굴을 할퀸다
생각하면 거짓뿐인 저 도시
새벽부터 밤까지 털 빠진 개들이 웅크린
그 병든 시대도 이곳에선 모두 잊었다
마침내 일어나
내 몸에 감긴 쇠사슬을 벗겨 주는
풀꽃과 나무들, 푸른 손의 아나키스트들
순간 나는 모든 것에서 벗어나
기억 속의 찌꺼기들을 남김없이 불태웠다

아, 지금은
이 무성한 숲에서 태고의 숨을 들이켜며
거듭 껍질을 깨트려야 한다
낫을 들고 완강하게
가슴을 죄어 온 어둠의 줄을 끊고
오직 대낫뿐인 빛의 나라를 꿈꾸어야 한다
간다, 나는 간다
영혼이 지칠 때는 야생초가 우거진 곳
그 여름의 숲으로

금오산을 안고

저무는 금오산*에 황혼이 깃들 때
어머니의 한 생애에도 길게 옥양목이 깔리누나
하얀 두루마리 바람결에 풀려지면
주홍빛보다 아리게 눈물이 점점 찍혀 있구나
우리 어매, 경상 감사의 증손녀 그 서슬 어디 가고
저렇게 양식 팔아 홀로 비탈길을 걸어오는가
서걱이는 청보리밭
드센 바람 소리 치마폭에 다 펴 담고
금오산을 껴안은 채 어둑한 길을 걸어오네
깊고 깊은 세월 속에서 해 질 녘 솟아오르는
어머니의 참빗 하나
그 빗살로 곱게 빗은 머리카락 몇 가닥
동백기름 묻혀서 어디로 날아가는가
아득한 하늘 끝 지아비 누운 자리로
무명 옷고름 한 자락 펄럭펄럭 날리듯
그렇게 서러움도 서녘 하늘로 번져 가는가

---

* 경북 구미시 소재. 해발 976미터이며 도립공원임.

존재는 안개

— 채석장

바위를 쪼갠다
폭음과 더불어 하늘로 치솟는
희뿌연 흙먼지들
아득한 설화가 순식간에 무너져 내린다
여기저기 튀어 오르는
날카롭게 부서진 벼랑의 쇄석들
굵은 땀을 훔치며 건장한 인부는
만족한 듯 껄껄댄다
고작 사십 수년
짧은 생애의 사내가 돌에 꽂은 화약이
억만 년의 시간을 한 순간에 으깨어 버리는
저 엄청난 부조리
존재의 관계는 불안하다
영원과 찰라
바람 소리와 폭발음이 갑자기 뒤엉키는
삶은 그렇게 안개 같은 것

봄비 그치면

오랜 가뭄 끝에 봄비가 내린다
가파른 벼랑에서 겨우내 숨죽이던
야윈 잡목들 다시 머리를 빗질한다
바람의 주사침에 찔려
아프게 수혈을 하고 있는 나무들
가지마다 엉켜 붙은 피고름을 짜내며
맑은 수액을 빨아들인다
한때의 어둠을 씻어 내는 봄비
일터를 서성이며 한숨을 몰아쉬는
지친 사내들의 빈 호주머니 안에도
빗물은 넉넉히 찰랑댄다
모든 것이 봄비 속에 가슴을 적시며
눈을 새롭게 뜨는 지금
아직도 나의 맥박이 푸르게 뛴다는 건
놀라운 일이다
잠에서 깨어나는 알들
어둠 속에서 되살아나는 숱한 뼈와 살들
문득 멀리서 죽음을 이긴 산도화가

환히 웃으며 연붉은 모자를 흔들고 있다
오, 마침내
굳어 버린 땅 위로 강 하나가 열린다
먼지와 기침뿐인
한 시대의 뒤뜰로 빗물은 거듭 스며들고
이 비 그치면 냇가로 달려가
깨끗한 풀잎들을 오래 껴안고 싶다

제4부

창포꽃 한 송이

깊은 눈동자

우리 집 삽살개는 용감했다
마을의 심술쟁이 아저씨가
잡종 셰퍼드를 몰고 와 싸움을 붙이면
피를 뚝뚝 흘리면서까지 물러서지 않았다
그 개를 어머니가 팔았다
그런데 어느 날
녀석이 다시 먼 길을 뛰어와
다시 옛집으로 찾아왔다
꼬리를 이리저리 흔들며
내 손바닥을 연신 핥아 주던 녀석
사십 년이 지난 지금도
그 깊은 눈동자가 잊혀지지 않았다
때론 세상이 너무 가벼워질 때도
그 천 근 믿음이 지워지지 않았다

쓸쓸한 조선

— 서울, 1984년

그해 봄 어머니가 쓰러졌다
서울역 대합실 에스컬레이터 위
난생 처음 타 본 이상한 기계에 놀라
중심을 잃고 엎어졌다
구겨진 치맛자락이 톱날에 끼지 않도록
혼신의 힘으로 일으켜 세웠지만
어머니는 잠시 현기증에 휘청대며
내게 온몸을 맡겼다
평생을 홀몸으로 눈보라 퍼부어도
결코 흔들리지 않았던 조선 여인
허나 어쩌랴, 얼음보다 차가운 기계에 놀라
낯선 서울 바닥에 그렇게 쓰러진 것이다
멀리 유학 온 막내아들을 만나려다
도시의 검은 발톱에 가위눌린 어머니
이 땅은 아직도
조선의 여인들에겐 드센 바람뿐이란 생각이
그날 이후 에스컬레이터를 탈 때마다
싸리나무 부러지는 소리로 지워지지 않았다

밥풀

찰싹, 밥풀 하나
바짓가랑이 끝에 외롭게 붙어 있다
칙칙 뿜어 대는 모진 압력 다 견디고
이제 막 솥을 떠나 입으로 들어가려는 그 순간
느닷없이 떨어져 바지 한쪽에 붙어 버렸다
아무도 눈길 주지 않는 곳
아직 남은 찰기로 한 생애를 붙들고 있는
독한 표정이 놀라웠다
사실 세상은
더 이상 뭐 새로울 것도 없는데
우리는 그저 맹목적인 생의 의지로
어딘가 들어붙어 끝장을 내지 않곤 못 배긴다
숨을 토해도 가눌 수 없는 것
천 근 힘으로도 억누를 수 없는 것
끈끈한 그 무엇을 아교풀처럼 온몸에 두르고
그가 기어올라 심장에 붙으려 할 때
나는 반사적으로 두 손가락을 오므리며
맨땅 저쪽으로 멀리 튕겨 버렸다

창포꽃 한 송이

온종일 비가 내리고
어머니는 윗목에서 손틀질을 하다가
또 전쟁 이야길 들려주었다
그해 여름, 평화로웠던 형곡마을*
미군 폭격기의 오폭誤爆으로 쑥밭이 된 친정 얘기며
외할머니와 이모들
그곳으로 피란 간 일곱 살 아들의 참변에 대해
기억의 실타래를 풀어 갔다
그때마다 어린 나는 큰 눈을 끔벅이며
얼굴도 모르는 형아 생각으로 슬픔에 잠기곤 했다
끝없이 이어지는 손틀질 소리
어머닌 가끔 열린 방문 쪽으로 고개를 들어
상추밭에 퍼붓는 빗줄기를 바라보았다
이젠, 그 누구도 미워할 수 없는 것
쓰라린 세월마저 틀질 깊숙이 봉해 버리고
어머니는 다만 조선치마를 쓸어내렸다
그렇다, 우리 시대의 아픈 그늘
그 쓰디쓴 생채기를 나는 책에서가 아니라

어머니를 통해서 배웠다
민중의 피와 눈물
저미는 고통 속에서도 역사를 껴안는 법을
함성과 붉은 띠, 부르쥔 주먹이 아니라
어머니의 가슴에서 전해 받았다
아으, 그칠 줄 모르는 저 비
마당 가득히 다시 빗물이 고여 갈 때
손틀질 소리에 흔들리는 어머니의 젖은 어깨엔
창포꽃 한 송이 피어올랐다

---

* 경북 구미시의 마을. 한국전쟁 당시 미군의 오폭으로 수백 명의 주민과 피란민이 인민군으로 오해받아 폭사한 곳임.

입술 공화국

낡은 사진첩을 넘긴다
어깨에 멘 검은 소총
철모를 눌러쓴 한 사내를 만난다
사내의 등 뒤론
황량한 70년대의 희뿌연 담배 연기가
쓸쓸히 피어오른다
은신과 도피의 숲이 아니라
가시덤불과 황톳벌을 뒹굴며
비로소 처음 느껴 본 이 땅의 온기
그 흙 속엔 사내의 눈물 한 점도 떨어져
산기슭 풀숲에서 반짝, 빛난다
가도 가도 어둠뿐이던 시절
어딘가 숨어 있던 손이 하얀 사람들이
이제야 고갤 내밀어 애국가를 불러 보지만
사내는 개머리판으로 그들의 입을 내리친다
낡은 사진첩을 넘기며
거부해야 할 것은 단호히 거부하거나
껴안을 것은 더욱 뜨겁게 껴안는다

눈 내리는 황토

눈발이 흩날리는 겨울밤, 따뜻한 아랫목에 앉아 이야기 중국사를 읽는다. 멀고 먼 대평원에서 불어오는 차가운 눈바람, 창문이 흔들릴 때마다 말발굽 소리 묻어 나온다. 벌판의 저쪽, 야성의 함성들이 눈보라를 헤치며 황룡의 머리를 짓누를 때, 우리의 사랑방엔 쪼그려 앉은 사내 몇이 화롯불을 쬐고 있었다. 바람이여, 이제는 흰 옷자락을 벌판으로 날려 버리며 저 녹슨 화로를 눈보라 속에 엎질러 다오. 깊은 겨울밤, 젖은 황토 위엔 바람 소리 휘휘 대고 눈발은 거침없이 조선의 작은 사내들을 내리치고 있었다.

바람의 증언
— 거제도 포로수용소

바다를 조금 벗어나자
야전 천막들이 눈앞을 가로막았다
철조망에 둘러싸인
산비탈 포로수용소
그 날의 아비규환도 세월에 묻혀 잠잠했다
썩은 가마니가 깔려 있는
국방색 천막 안을 여기저기 기웃대며
나는 누혜*를 찾고 있었다
누혜,
영원한 자유를 위해 철조망에 목을 맨
젊은 인민군
축 널어진 그의 혀가 내 어깨를 몇 번 쳤다
불현듯 바람 속에 피냄새가 스쳐 갔다
녹슨 깡통 하나가
천막 끝에 매달려 잠시 달그락대며
그 피를 받고 있었다

* 장용학(1921~1999)의 소설 『요한시집』에 등장하는 인민군.

햇빛 마을

들판은 넓고 집은 옹기종기
사람은 적고 사랑의 빛은 넘치고
갈증도 없고 어둠도 없는
그런 곳에서 살고 싶다
오직 맑은 바람
이마 가득히 한낮의 햇빛을 받으며
온종일 그곳에서 과일을 따거나
아이들을 기르고 싶다
곤봉도 쇠파이프도 없는 곳
거짓도 구토증도 없는 그 나라
아아, 들판은 넓고 집은 그렇게 옹기종기

둥글고 아름답게

자두를 딴다 아내와 함께
비를 맞으며 숨은 보석을 찾는다
나뭇가지를 헤집고
아주 집요하게 손가락을 뻗으면
후두두 무른 것들은 우박처럼 떨어지며
풀숲 아래로 나뒹군다
모나지 않은 고운 얼굴들
어쩌면 저렇게도 연한 속살 안에
비바람을 다져 넣고 지금까지 버텨 왔을까
비닐봉지마다 가득 찬 왕자두
시간의 깊은 비밀을 붉은 껍질로 봉합한 채
비에 조금씩 젖어 간다
젖어 간다, 꽃에서 열매로
지금 막 한 생애를 둥글고 아름답게 마치는
대자연의 순한 자식들
새의 부리에 쪼이면서도 넉넉히 익어 간
상처가 더욱 빛난다
아내여, 마침내

작은 깨달음 앞에 우리는 서 있다
삶은 고단하고
세상은 좀처럼 비를 피할 순 없지만
산자두의 속살을 서로의 입에 넣어 주며
빗물을 털고 다시 마을로 가야 한다

묵필도

우리 동네 개울가에 미루나무가 서 있다
하늘 향해 우뚝 솟은 그 모습
조선 선비의 붓 한 자루 닮았다
그 붓대 불끈 쥐고 궁서체로 휘갈기며
무한천공에 상소문 한 필 쓰고 싶다
이 나라, 어둠과 안개가 넝쿨처럼 엉킨 땅에서
모두가 머리 풀고 아프게 뉘우쳐야 함을
구름 위에 써 보고 싶다
하지만 어쩔거나
내 옷고름은 바람에 풀려 있고
세상의 등불마저 너무 헝클어져 있는데
누가 이 시대를 위해 꺼이꺼이 울 수 있으랴
아니다, 그래도
차가운 개울물을 얼굴에 몇 번 끼얹고
옷깃을 여민 채 다시 하늘을 보아야 한다
세상은 어두워 가도
욱수골 가득히 건들바람이 말아 올리는
두루마리 한 필 가슴에 껴안고

오직 나의 자유

물론 나는 처음부터
어떤 것에도 얽매이지 않는
바람 같은 존재였다
내 심장이 고동치는 이 소중한 순간, 순간
나는 작은 선택 하나도
누구에게 양도하거나 맡길 수 없다
내게 허락된 얼마의 시간
그것은 진실로 자유에 바쳐진 보석들이다
그러므로 나는 두렵지 않다
홀로 서 있는 이 길에서
빛이 비치는 쪽으로 가슴을 활짝 열고
그냥 천천히 걸어가면 된다
그 후의 모든 것은
오직 내 양심이 고백할 것이므로

뿌리와 힘

사내는 해머를 들고
바위를 내리친다
혼신의 힘을 다해
구릿빛 근육을 여름 햇빛에 꿈틀대며
사납게 내리치지만
바위는 좀체 끄떡도 않는다

수억 년의 시간 속으로
뿌리를 다져 온 저 돌의 완강한 힘
사내는 더욱
거친 숨을 몰아쉰다

얼마나 허약한가
작은 미풍 하나에도 비닐처럼 팔락이는
우리들의 초췌한 삶
우리들의 병든 사랑이

다시는 그 누군가

내 정수리를 둔탁하게 찍을지라도
흔들리지 말아야 한다

말과 혀의 나라
그대가 내 가슴을 아프게 칠지라도
쥐라기의 어느 곳에 뿌리를 깊이 내리고
휘청대지 말아야 한다

투다닥 툭탁툭탁
한낮의 공기를 억세게 찢고 있는
사내의 해머 소리

낯선 설야

깊은 삼림지대엔 눈이 내리고
고라니 한 마리
올무에 걸린 채 버둥대며 죽어 간다
계곡 가득히
피 묻은 울음소리 컥, 컥 찍어 두고
한 생애의 덧문을 조용히 닫는다
싸늘하게 굳어 가는
그의 가슴 위로 눈발은 밤새 퍼부어
아무 일도 없는 듯
새벽이면 신갈나무 숲은 눈부시게 변한다
쓸쓸한, 이 잔혹한 아름다움
그리고 아침이 오면
가장 따뜻한 겨울 휴가의 꿈에 젖어
사람들은 저마다
새해 달력에 붉은 표지를 그려 넣는다

내 사랑 들국화

햇살 따가운 가을 들녘, 들국화 무더기로 피어 손짓을 하고 있구나. 가까이 다가가 꽃잎을 어루만지자, 진한 향기가 기억의 문 하나를 열어 주네.

오 내 사랑, 목 타는 젊은 한때 그 황산벌 훈련소*에서 거친 숨과 흙투성이로 얼마나 네 앞을 뒹굴었던가. 바람이 스쳐 간다. 세상은 모두가 자유를 말하지만, 나는 소총을 껴안고 그것을 보석처럼 지켰네.

부끄럽지 않구나. 내 피땀이 배인 들녘에 뿌리를 깊이 내린 채, 저렇게 활짝 핀 가을꽃을 바라봄이. 그래 내 사랑아, 이제는 우리끼리 어깨를 쓰다듬으며 그저 조용히 이 땅을 지켜 가자. 온통 기교뿐인 이 가면의 나라에선 우린 차라리 시퍼런 파도가 되어 버리자.

---

* 육군제2하사관학교 훈련소.

뜨거운 나무들

산으로 올라간다
나무들이 뿜어내는 이상한 광선과
풀무질 같은 숨소리에 내 얼굴도 달아오른다
땅속 깊숙한 곳
들끓는 생의 의지를 가지 끝까지 빨아들여
일만 볼트의 등불을 켜고 있는 나무들
어쩌다 잔가지에 내 손이 닿으면
소스라치게 감전된다
나무들은 도대체
어떤 힘이 있어 거친 숨을 뿜어내는가
때로는 비가 내려
산 아래의 세상은 사랑마저 식어 가지만
나무들은 저희끼리 뜨거운 전류를 보내며
서로의 몸을 데운다
아니다, 멧새들도
나뭇가지로 내려와 사뿐히 앉는 순간
온몸에 불이 붙는다

참된 파수꾼

어둠이 짖게 내린 논바닥
개구리 떼가 울고 있다
까드득 까드득 해맑은 목청들
밤하늘을 쭈욱 찢으면
산비탈 마을엔 별이 후두둑 떨어져 내린다
오늘은 모를 심고
내일은 물꼬를 터야 할 고단한 사람들
개구리 떼의 울음소리를 가슴에 쓸어 담으며
조금씩 등불을 끄고 있다
민주와 반민주
세상은 온통 시끄럽게 흔들려도
개구리들은 저마다
논물 밖으로 두 눈을 부릅뜨고
이 땅의 무논을 밤새 지키고 있다

이장移葬

새벽안개는 엷게 깔리고
공동묘지는 조용했다
늙은 인부들의 둔탁한 삽질 소리만
안개의 흰 너울을 간간이 찢고 있었다
이윽고 삽날 끝에
조금씩 삐걱대는 검은 목관
잠시 적막이 깨트려졌다
천천히 그러나 능숙하게
그들이 무표정하게 관 뚜껑을 열어젖히자
백골, 아버지가 나타났다
그러나 아버지는
비바람을 다져 넣은 몇 낱의 뼛조각과
금이빨 하나만 남기고 있었다
나는 어느새
한 줄기 바람이 되어 아버지를 깨웠다
당신도 기꺼이 달맞이꽃처럼 피어오르며
가볍게 몇 번 흔들렸다
그 흔들림 속에는

어두운 시대의 게다짝 소리와
피에 젖은 낙동강변의 포성 소리도 섞여 있었다
사방은 다시 침묵이 흘렀고
나는 가슴에 흙을 가득 퍼 담으며
마지막 유골을 수습했다
이승과 저승 사이
인연의 불꽃이 한순간 피었다 질 뿐
금호강 저쪽에는 벌써 먼동이 트고 있었다

실존적 상황에 대한 '양심의 부름'

— 이진엽, 『겨울 카프카』의 시세계

박 호 영

(시인 · 문학평론가)

1. 실존과 현실에 대한 숙고의 결실

이진엽 시인이 세 번째 시집 『겨울 카프카』를 상재하였다. 두 번째 시집 『낯선 벌판의 종소리』를 내고 무려 11년 만이다. 두 번째 시집도 첫 번째 시집을 내고 7년 만에 출간하더니 이번에는 그 간격이 더욱 벌어졌다. 일찍이 지용이 어찌 시인이 토끼의 다산을 본받으려고 하느냐고 시인의 다작을 경계하는 말을 했지만, 이 시인의 이러한 과작을 보면 그가 시 한 편 한 편을 창작하는 데 신중을 기하는 시인이라는 생각을 하게 된다.

그가 이번 시집에서 선보이는 시들은 시인 자신의 말대로 "실존과 현실의 두 축에서 우러나온" 것들이다. "실존은 본질에 앞선다"라는 유명한 말이 있지만, 살아가는 것만큼 절실한 것은 없다. 특히 21세기 우리의 현실은 삶의 여건이 점점 악화되고 있다. 기아와 전쟁과 환경 파괴 같은 외적 여건과 더불어, 삶의 철학이 부재함에서 야기되는 절망과 불안, 소외, 고통, 그리고 그에 수반되는 자살은 실존이라는 것이 얼마나 어렵고 절실한 것인지를 깨닫게 해 준다. 그러나 실존의 현실이 어려우면 어려울수록, 그에 대한 현명한 대처 또한 무엇보다도 필요하다. 살기 위해선 어쩔 수 없다라는 식의 자기 방임적 태도가 실존을 합리화시키지는 못한다. 이 시인은 이번 시집에서 실존의 대상들을 주시하여 그를 통해 자아를 진지하게 되돌아봄으로써, '양심의 부름'으로 실존의 상황들에 대한 염려를 함으로써, 그리고 비극적 역사의 트라우마를 극복하고자 함으로써, 독자들에게 올바른 실존의 메시지를 제시한다. 실존과 현실에 대한 숙고의 결실이라 할 수 있다. 이를 세부적으로 살펴보기로 한다.

2. 실존의 대상들에 대한 주시

이 시인은 주위의 대상들을 예사롭게 보아 넘기지 않는다. 살아 있는 생명체는 물론이거니와, 무생물조차도 눈에 보이는 그들의 존재 모습이 어떤 의미를 지니는지를 천착한다. 예를 들어 거울에 비친 제 모습을 보고 계속 싸움을 거는 수탉을 통해, 시인은 맹목적으로 앞을 향해 온몸을 던지며 살아온 우리를 발견하는(「거울과 수탉」) 식이다. 따지고 보면 거울 속 수탉이 자신인 줄 모르고 싸움을 거는 수탉의 행위는 얼마나 미련하고 허망한 짓인가. 그러나 이것은 수탉에 한한 얘기는 아니다. 우리들도 자기가 싸움을 걸고 있는 상대방이 곧 자기일 수 있음을 모른다. 타자에게 자신이 투영되어 있음을 깨달아야 하는데, 자신과 타자는 전혀 다른 존재라고 인식한다. 이 무지함은 의외로 많은 사람들에게 편재되어 있다. 그러나 이러한 실존의 모습은 결코 바람직한 것이 아니다. 그것이 이 시에서 시인이 말하는 바다. 다음 시 역시 마찬가지다.

점심 먹으러 가다가 현관 모서리에서
머리를 수차례 유리창에 부딪치고 있는
비둘기 한 마리를 보았다
먹이를 찾으려 했을까
중앙 출입구 안쪽까지 몰래 들어왔다가
인기척에 화들짝 놀라 탈출하려고 버둥댔다
바로 저기
아늑한 둥지가 느티나무 위에 있지만
빤히 보고서도 그는 그곳에 가지 못했다
세계와 나 사이
투명한 벽이 있음을 그는 미처 몰랐으므로
눈부신 어둠 속을 헤매고 있었던 것이다
그럼, 우리는

지난 세월 동안 무엇을 향해 돌진하며
가슴을 부딪치면서 살아왔던가
사랑과 구원,
혹은 별빛이 늘 저쪽에 있었지만
투명하게 눈을 찌르는 이상한 벽을 몰랐으므로
우리는 언제나 그곳에 갈 수 없었다

—「투명한 벽」 부분

'투명한' 과 '벽' 은 그 자체가 모순 관계에 있다. '투명한' 은 통과의 가능성을 지시하지만, '벽' 은 통과가 불가능한 '막힘' 을 지시한다. 그러므로 '투명한 벽' 은 이율배반의 결합이다. 그러나 대부분 '투명한' 에 현혹되어 '벽' 의 실체를 깨닫지 못한다. 시인은 이 시에서 '비둘기' 를 통해 이 무모함을 얘기한다. 먹이를 찾으려 중앙 출입구 안쪽까지 들어왔다가 인기척에 놀라 탈출하려는 비둘기는 유리창이라는 투명한 벽이 있음을 모르고 유리창에 수차례 머리를 부딪치고 있다. 유리창 건너로 얼마든지 갈 수 있다고 생각한 데서 비롯된 무모한 행위다. 이 무모함이 비둘기에만 한정되는 것일까. 아닐 것이다. 우리의 삶을 되돌아보면 '투명성' 에 속아 무작정 추진했다가 좌절한 경우가 얼마나 많은가. 여기서 시인은 질문을 던진다. "우리는/ 지난 세월 동안 무엇을 향해 돌진하며/ 가슴을 부딪치면서 살아 왔"느냐고. 유리창이 투명하기에 소통할 수 있다는 생각이었지만, 환히 보여 모든 일이 잘 될 것이란 자신을 가졌지만, 그것이 막혀 있는 벽과 같음을 어찌 알았겠는가. 그래서 우리는 '사랑과 구원' , 혹은 '별빛' 이 늘 저쪽에 있었지만 "언제나 그곳에 갈 수 없었다". 시인의 눈에 비친 이러한 수탉이나 비둘기의 우매한 행위는 실존의 절실함이기는 하지만, 인간이라면 적어도 이 차원을 벗어난 실존을 모색해야 한다고 그는 생각한다.

그는 실존의 교훈을 옥수수나 숟가락 같은 사물들을 통해서도 얻는다. "우리가 삶에 지칠 때/ 모든 꿈마저 진흙더미로 무너져 갈 때도/ 옥수수들은 저마다/ 한여름의 뙤약볕을 온 힘으로 물어뜯으며/ 저렇게 익어 가지 않는가"(「완강한 옥수수」)라는 구절에 담긴 시인의 메시지는 옥수수처럼 완강하게 삶을 살라는 것이다. 특히 '숟가락'은 그가 실존의 상징으로 눈여겨본 대상이다. 숟가락은 두말 할 나위 없이 살아가는 데 절대적으로 필요한 도구다. 숟가락이 있느냐 없느냐는 삶과 죽음을 좌우한다. 물론 '먹는 도구'라는 제유적 의미에 한해서다. 각자 밥사발에 숟가락이 부딪칠 때를 생각해 보라. 배고픔을 면하기 위해 우리는 밥사발 안을 숟가락으로 얼마나 열심히 비워 내는가. 이 순간보다 더 절박한 때는 없고, 이 행위보다 더 진실한 것은 없다. 이 엄숙한 실존 앞에는 빈부도, 귀천도 구별되지 않는다.

밥사발에 숟가락 부딪치는 소리가
풍경 소리보다 더 맑고 청청하다
저 소리 나는 곳에 사람이 살고 있고
기쁨과 슬픔도 다북쑥처럼 엉켜 있다
하루에도 세 번씩
이승 멀리 번져 가는 쾌청한 울림들

목탁 치는 소리가 어찌 절집에만 있으랴
삶은 어지러워도
밥을 먹는 순간만은 사문沙門의 몸짓으로
그저 순하게 하루의 업을 닦는다
아, 세상에서 가장 뜨거운
밥사발에 숟가락 부딪치는 그 소리

—「숟가락 소리」 전문

시인은 숟가락 소리가 풍경 소리보다 더 맑고 청청하다고 한다. 맑고 청청하기로 치자면 사실 숟가락 소리가 풍경 소리를 따를 수 없다. 풍경의 몸체에서 퍼지는 금속성의 울림은 사찰의 분위기와 어울려 사람의 마음을 맑고 깨끗이 정화시킨다. 그러나 시인의 생각으로는 밥사발을 비우기 위해 부딪치는 숟가락 소리가 더 맑은 것이다. 그 소리는 곧 사람 사는 소리요, 기쁨이나 슬픔 등 모든 인간의 감정이 담겨 있는 소리이기 때문이다. 그 소리에 우리의 삶이 모두 반영되어 있다. 기뻐도 먹고살기 위해 숟가락 소리는 나야 하고, 슬퍼도 역시 삶을 위해 숟가락 소리는 나야 한다. 풍경 소리의 그 맑은 소리가 우리의 마음을 닦아 줄진 몰라도 그 소리를 듣지 않는다고 죽지는 않는다. 그러나 숟가락 소리는 그 소리가 멈추기라도 한다면 삶이 죽음으로 뒤바뀐다. 그러므로 숟가락 소리는 실존의 소리다. 풍경 소리보다 맑고 청청한 이유가 여기에 있다. 맑고 청청하다는 것이 무엇이겠는가. '금강산도 식후경' 이란 말이 있듯이 내가 있고 나서 맑고 청청함도 그 의미를 지닐 수 있는 것이 아니겠는가. 비록 삶이 어지러

울지라도 밥을 먹는 순간만큼은 진실뿐이요, 어떤 거짓도 개입하지 못한다. 그야말로 '사문의 몸짓' 으로 하루의 업을 닦는 것이 숟가락 소리를 낼 때다. 숟가락을 제재로 한 그의 또 다른 시 「숟가락을 꼭 쥐고」에서는 숟가락을 통한 시인의 실존 의식을 더욱 확연히 보여 준다. 시인은 이 시에서 우리들 일생의 절반 가까이가 숟가락질이었음을 상기시키며, 바람 불고 눈 내려도 결코 그것만은 중단할 수 없었기에 낯선 길 위에 홀로 던져진 상황에서도 숟가락을 꼭 쥐지 않을 수 없었음을 얘기한다.

「숟가락에 대한 명상」에서는 고층 아파트에서 떨어져 휘어진 숟가락을 통해 숟가락과 숟가락 주인의 관계를 풀어 나간다. 숟가락도 언젠가는 주인이 있어 그의 입안을 열심히 들락거렸다. 그러나 휘어진 숟가락은 숟가락으로서의 생명을 다하고 버려진 신세가 되었다. 바로 얼마 전까지 서로의 삶을 나누던 주인과 그의 숟가락은 이제 삶과 죽음으로 나뉘어져 있다. 이 관계는 비단 휘어진 숟가락에 한정되는 것은 아니다. 모든 관계가 언제 삶과 죽음으로 나뉠지 모른다. 이렇듯 죽음은 항상 우리 곁에 서성이는 것이다. 그러나 우리는 그것을 모르고 그저 밥을 다독이며 숟가락질을 하고 있을 뿐이다. 시인은 이를 보며 "삶 속엔 언제나/ 나와 세계 사이에 어떤 뒤틀림 같은 것이/ 운명적으로 존재한다" 고 말한다. 우리가 여기서 유의할 것은 '뒤틀림' 이란 어휘다. 어쩌면 뒤틀림은 실존의 기본적인 전제일지 모른다. 뒤틀림이 없는 실존은 실존이 아니다. 우리는 살아가면서 나와 세계가 조화롭지 않음을 무수히 경험한다. 본의 아니게 갈라지는 삶과 죽음, 사랑과 미움, 기쁨과 슬픔 등이 모두 뒤틀림에 속한다. 그렇다면 이 뒤틀림을 어떻게 할 것인가. 시인은 신앙에 바탕을 둔 '양심의 부름' 으로 이에 대한 해결책을 제시한다.

3. '양심의 부름', 혹은 빛을 향한 신앙적 포즈

하이데거가 말한 '양심의 부름' 은 존재자를 비로소 존재케 하는 것이다. 이를 하이데거는 실존이라 말한다. 그의 실존 개념은 살기 위한 실제의 모습으로서의 실존과는 다르다. 세계—내—존재로서의 염려가 실존의 범주가 된다. 우리는 참다운 존재를 위협하는 모든 양상들에 대해 얼마나 염려를 하는가. 거의 염려를 하지 않는다고 본다. 그러나 우리의 세계가 바람직한 공간이 되려면, 그래서 '더불어 있음' 의 현장이 되기 위해선 지속적인 염려가 필요하다. 이 염려는 곧 양심의 부름이다. 양심에 귀 기울일 때 실존이 가능한 것이다. 이진엽의 시에서는 이 '양심의 부름' 이 빛을 추구하는 신앙적 포즈로 자리 잡고 있다.

그대여, 또 내일 산마루에 먼동이 터 오면
딸그락딸그락 신호를 보내면서
내 잠을 깨워 다오
아픔이 익고 익은 그 하얀 쌀밥을
성호를 긋고는 한 공기만 먹고 싶구나

삶의 안쪽은 아우성이다
그러나 빛을 받으면 모두 아름답게 반짝인다
—「압력밥솥」 부분

세월은 흘러가도 영혼은 목마른 것
저 종소리는 오늘도
내 가슴속 미루나무에 별빛같이 걸려 있었다
하얀 벽, 맑은 울림……
어둠은 깊고 세상은 메말라 가도
그 빛의 사랑 하나가 온몸을 사로잡았다
—「하얀 종탑」 부분

우리가 살고 있는 시대는 어둠이 지배하는 시대다. 모든 죄악이 횡행하는 현실이 한마디로 어둠을 상징하지만, 날로 심화되는 가난과 질병, 자연 재해와 고통 등은 우리를 절망의 벼랑 끝으로 몰아가며 전망 부재의 어둠을 펼쳐 놓고 있다. 이를 극복하는 방법은 빛을 찾는 것밖에는 없다. 어둠을 물러가게 하는 유일한 수단이 빛이기 때문이다. 그러면 어떻게 빛을 찾는가? 이 시인은 하느님에 대한 신앙에 의존한다. 『성경』에서도 "너희는 다 빛의 아들이요, 낮의 아들이라. 우리가 밤이나 어두움에 속하지 아니하나니"라고 했듯이, 우리의 근원은 어둠이 아니라 빛이다. 그러므로 하느님을 믿어 빛과 같은 존재가 되어 어둠을 물리쳐야 한다. 그것이 이 시인이 생각하는, 어둠을 물리치는 대처 방법이다.

위에 제시한 두 시에는 빛에 대한 시인의 믿음이 직설적으로 드러나 있다. 「압력밥솥」에서 시인은 삶의 안쪽이 아무리 아우성일지라도, 빛을 받으면 모두 아름답게 반짝이게 마련이라고 말한다. 빛을 받지 못해 아우성인 것이다. 또한 「하얀 종탑」에서는 목마른 '나' 의 영혼이 구제받을 수 있음은 맑은 울림의 종소리가 내 가슴속에 별빛같이 걸려 있기 때문이라고 서술한다. 모두 '빛' 의 소중함을 강조하고 있다.

사실 시인의 과거의 삶이 평탄치는 않았다. "내 눈물과 약봉지들/ 모든 아픔들이 깊은 땅속에서/ 굳게 다져져 빛나는 금이 되었"(「금빛 종소리」)다는 진술에서 그러한 행간의 의미를 읽을 수 있다. 그러나 시인은 그에게 닥친 시련을 이겨내고 모든 아픔을 '빛나는 금' 으로 전환시켰다. 그리고 그 금이 '금빛 종소리' 가 되어 "어두운 세상 끝까지 맑은 소리로 전해" 지기를 바란다. 여기서 우리는 "세상을 비추는 빛이 되라"(마태 5:16)는 『성경』 말씀을 실천하고자 하는 시인의 의지를 읽을 수 있다. 빛을 향한 그의 믿음은 "어둠이 없으면 빛도 없다는 것을/ 바람은 가르쳐 주고 있었다/ (…중략…)/ 숨쉬는 것들은 밤새 쌔근대며/ 빛의 아침을 기다린다"(「저녁 메시지」)라든지, "홀로 서 있는 이 길에서/ 빛이 비치는 쪽으로 가슴을 활짝 열고/ 그냥 천천히 걸어가면 된다"(「오직 나의 자유」) 등 여러 편의 시에서 발견된다. 다음 시는 그가 어떠한 마음 자세로 빛을 추구하면서 살아가는지를 단적으로 말해 준다.

가을산 가득히 바람이 불고 있다

클라라, 함께 천천히 숲길을 걸어 보자
우린 오늘 아침 고해성사를 보았지
마음은 기쁘고 발걸음도 가벼워라
곱게 물든 잎새들 어깨 위로 내릴 때
클라라, 우리의 끝도 한 사흘만 흔들리다가
저토록 아름답게 떠나갈 수 있을까
조용히, 허공에서 떨어지는 엽서 몇 장들
지난 세월 가슴에 붙은 숱한 가시들도
지금 숲길에선 물살처럼 흘러내린다
클라라, 그래그래
잎은 땅에서 왔으니 대지로 돌아가고
우리는 빛에서 왔으니 하늘로 돌아가야지
목숨은 신비한 것
그리고 밤이 되면 맑은 비누로 손을 씻고
클라라, 낙엽 몇 장을
하얀 책갈피에 따뜻이 끼워 둔 채
추하지 않은 끝을 위해 기도하지 않으련

—「아름다운 끝」 전문

인생을 아름답게 끝맺음하려는 시인의 고백이 담채화처럼 처리된 시다. 이 시에서 '가을산'은 오십 중반을 넘어선 시인의 모습을 그대로 보여 주는 공간이다. 시인은 단풍이 든 잎새들이 바람이 불어 어깨 위로 떨어질 때 마치 그 나뭇잎의 모습이 자신이 아닐까 하는 생각을 한다. 그때 그는 클라라라는 여성에게 "우리의 끝도 한 사흘만 흔들리다가 저 나뭇잎처럼 아름답게 떠나갈 수 있을까" 하고 묻는다. 여기서 클라라가 어떤 여성인지는 중요하지 않다. 가톨릭의 성녀와 같은 존재일 수도 있고, 슈만의 아내 클라라처럼 헌신적이고 지고지순한 여인일 수도 있으며, 고해성사도 같이 보는 시인 주변의 실제 인물일 수도 있다. 중요한 것은 "빛에서 왔으니 하늘로 돌아가야 한다"는 시인의 의식이다. 이것은 빛이 그에게는 절대적인 존재라는 사실을 깨닫게 하는 것이며, 그의 신앙이 철저함을 내보인 것이기도 하다. 빛의 추구는 이번 시집의 제목이기도 한 「겨울 카프카」에서 가장 확실히 드러난다.

카프카여, 지금은 깊은 겨울
모두가 무표정하게 조간신문을 읽거나
두터운 외투 속에 얼굴을 파묻고 있는데
멀고 먼 프라하
허무의 그 거리에도 눈이 내리고 있는가
쓸쓸한 침묵의 도시
바람과 불확실만이 뼛속을 파고드는
회색빛 종착역으로 열차는 자꾸만 빨려들었다
그렇다, 모든 것은 저마다
깊이도 알 수 없는 눈보라 속으로
순간순간 내던져질 뿐
아무도 따스한 포옹으로
이 낯선 시대를 껴안을 순 없다
나는 나,
다만 혼자서 터널 밖으로 신호를 보내며

어두운 시간을 뚫고 끝없이 빛을 찾아야 한다

—「겨울 카프카」 부분

왜 하필이면 카프카일까. 인간의 절망적 실존을 「변신」과 같은 작품을 통해 보여준 숙명적 비관론자가 그가 아니던가. 그러나 시인이 제시하는 이 시의 분위기를 파악하면 카프카의 등장이 어렵지 않게 이해가 된다. 지금은 깊은 겨울이고, 눈보라 속에서 사람들 모두가 무표정하게 조간신문을 읽거나 두터운 외투 속에 얼굴을 파묻고 있다. '쓸쓸한 침묵의 도시', '바람과 불확실', '회색빛 종착역' 같은 어구는 더욱 이 시의 배경을 극한적 실존의 상황으로 몰고 가고 있다. 이 상황을 대변해 줄 인물로 실존문학의 선구자인 카프카만큼 적절한 인물이 어디 있겠는가. 그리고 시인 역시 카프카와 마찬가지로 이 낯선 시대를 아무도 껴안을 수 없다고 비관론적 전망을 내놓는다. 그렇다고 시인 역시 좌절의 늪에 빠진 것은 아니다. "나는 나"이므로 혼자서라도 터널 밖으로 신호를 보내면서 "어두운 시간을 뚫고 빛을 찾아야 한다." 신실한 신앙인이기에 가능한 태도다. 이러한 빛의 추구에서 우리는 세계—내—존재로서의 그의 '양심의 부름'을 발견할 수 있다.

4. 역사의 비극적 트라우마와 극복의 의지

이진엽 시에서 마지막으로 지적할 수 있는 것은 역사를 되돌아보는 시인의 비극적 인식과 그것을 극복하고자 하는 의지다. 그의 눈에 비친 우리의 '조선'은 너무도 많은 수난을 겪었다. 일제의 탄압, 동족상잔의 한국전쟁, 군부의 독재 등. 일제나 한국전쟁은 그가 직접 체험한 바는 아니지만 여린 시인의 마음속에 그 수난은 하나의 지우지 못할 트라우마로 남아 있다. 더구나 어머니를 통해 비로소 알고 느끼게 되는 개인사적 비극은 이 트라우마를 심화시킨다.

① 뒤돌아보면 우리 역사는
먼지 낀 책이 아니라 숟가락 속에서 흘러왔다
청산리와 다부동,
산비탈 흙 속에 숟갈 하나 남기고 간
젊은 넋들의 가쁜 숨도 그것에서 묻어 나왔다

—「숟가락 통사」 부분

② 저무는 금오산에 황혼이 깃들 때
어머니의 한 생애에도 길게 옥양목이 깔리누나
하얀 두루마리 바람결에 풀려지면
주홍빛보다 아리게 눈물이 점점 찍혀 있구나
우리 어매, 경상 감사의 증손녀 그 서슬 어디 가고
저렇게 양식 팔아 홀로 비탈길을 걸어오는가

—「금오산을 안고」 부분

①에서 청산리와 다부동은 일제 때 독립군의 전투, 한국전쟁 때 북한군과의 전투로 각각 유명한 곳이다. 얼마나 많은 젊은이들이 그곳에서 죽었는가. 그러나 청산리전투나 다부동

전투의 역사가 생생하게 피부에 닿는 것은 그에 대한 기록에서가 아니다. 그 지역에서 출토되는 숟가락, 그곳 전투에 참여했던 젊은이들이 전투 중에 끼니를 잇고자 사용한 도구인 숟가락에서 생생함이 느껴진다. 따지고 보면 죽느냐 사느냐는 절박한 상황에서 명분이나 이데올로기가 그들을 좌우했을까. 아닐 것이다. 살아야겠다는 집념이 상대에게 총부리를 겨누게 하고, 또 상대를 죽이게 했을 것이다. 앞서도 숟가락에 대해 언급했지만 시인에게 있어 숟가락은 실존의 상징이다. 그가 보기에 숟가락은 이렇게 통시적으로 중요한 역할을 해 왔다.

②는 시인의 어머니에 대한 회상이다. 경상 감사의 증손녀로 태어난 어머니는 옛날 같으면 하인들을 거느리고 고귀하게 살았을 것이다. 그러나 현재의 모습은 먹고살기 위해 양식을 팔아 홀로 비탈길을 걸어와야 할 만큼 생활이 궁핍하고 고독하다. 금오산에 황혼이 깃드는 것처럼 어머니의 생애도 길게 옥양목이 깔릴 만큼 한으로 점철되어 있다. 눈물이 '하얀 두루마리' 에 '주홍빛보다 아리게 점점 찍혀 있다' 는 언술은 그만큼 어머니의 삶에 슬픔이 많았음을 말해 준다. 그 어머니의 비극이 구체적으로 제시된 시가 「창포꽃 한 송이」다.

온종일 비가 내리고
어머니는 윗목에서 손틀질을 하다가
또 전쟁 이야길 들려주었다
그해 여름, 평화로웠던 형곡마을

미군 폭격기의 오폭誤爆으로 쑥밭이 된 친정 얘기며
외할머니와 이모들
그곳으로 피란 간 일곱 살 아들의 참변에 대해
기억의 실타래를 풀어 갔다
그때마다 어린 나는 큰 눈을 끔벅이며
얼굴도 모르는 형아 생각으로 슬픔에 잠기곤 했다

—「창포꽃 한 송이」 부분

어머니의 친정은 미군의 오폭으로 쑥밭이 되었고, 외할머니와 이모들 그리고 그곳으로 피신을 했던 일곱 살 아들마저 그로 인해 죽었다. 그 엄청난 비극을 이제 어머니는 실타래를 풀듯이 기억을 떠올리며 이야기를 해 준다. 아무 생각 없이 재봉에만 눈길을 주는 손틀질은 어머니가 이 비극을 마음속에 삭이는 방법이다. 시인은 이러한 어머니의 태도에서 민중의 피와 눈물로 얼룩진 비극의 역사를 수용하는 태도를 배운다. 역사를 껴안는 것은 깃발을 날리며 앞장 서는 것도 아니요, 붉은 띠를 머리에 두르고 외치는 것도 아니며, 주먹을 부르쥐며 분노하는 것도 아니다. 조용히 손틀질 속에 당시에 겪은 쓰라린 고통을 봉해 버리고, 다만 조선치마를 쓸어내리는 것으로 비극의 트라우마를 받아들이는 것이다. 누구를 미워하는 것은 부질없는 짓일 뿐이다. 결국 어머니의 그러한 태도는 '창포꽃 한 송이' 로 아름답게 승화된다. 이 관용의 철학을 시인은 어머니에게서 배운다. 아마 시인이 1970년대 군부 독재의 비극적 트라우마를 극복할 수 있었던 것도 어머니의 철학에 영향을 받았기 때문일 것이다. 다음 두 시에는 역사의 트라우마를 극복하고자 하는 시인의 의지가 잘 나타나 있다.

이 나라, 어둠과 안개가 넝쿨처럼 엉킨 땅에서
모두가 머리 풀고 아프게 뉘우쳐야 함을
구름 위에 써 보고 싶다
하지만 어쩔거나
내 옷고름은 바람에 풀려 있고
세상의 등불마저 너무 헝클어져 있는데
누가 이 시대를 위해 꺼이꺼이 울 수 있으랴
아니다, 그래도
차가운 개울물을 얼굴에 몇 번 끼얹고
옷깃을 여민 채 다시 하늘을 보아야 한다

—「묵필도」 부분

들판은 넓고 집은 옹기종기
사람은 적고 사랑의 빛은 넘치고
갈증도 없고 어둠도 없는
그런 곳에서 살고 싶다
오직 맑은 바람
이마 가득히 한낮의 햇빛을 받으며
온종일 그곳에서 과일을 따거나
아이들을 기르고 싶다
곤봉도 쇠파이프도 없는 곳
거짓도 구토증도 없는 그 나라
아아, 들판은 넓고 집은 그렇게 옹기종기

—「햇빛 마을」 전문

여러 편의 시에서 파악할 수 있는 점이지만 시인이 인식하는 우리의 현실은 대체로 부정적이다. 「묵필도」에서도 예외는 아니다. "어둠과 안개가 넝쿨처럼 엉킨 땅", "세상의 등불마저 너무 헝클어져 있는데" 같은 구절에서 우리는 그의 현실인식이 어떠한가를 간파한다. "누가 이 시대를 위해 꺼이꺼이 울 수 있으랴"에 이르러서는 현실 타파가 거의 절망적이라는 생각이 든다. 그러나 그는 이 상황에서 좌절하지 않고 극복의 의지를 보인다. "아니다, 그래도/ 차가운 개울물을 얼굴에 몇 번 끼얹고/ 옷깃을 여민 채 다시 하늘을 보아야 한다"는 다짐은 정신을 차리고 현실을 극복하여 암울하고 막막한 세상을 바꿔 보자는 그의 결의를 표출한 것이다.

「햇빛 마을」에서는 시인이 살고 싶은 곳을 구체적으로 제시하고 있다. 우선 넓은 들판에 집들이 옹기종기 모여 있어야 한다. 넓은 공간이면 다른 집들과 웬만큼 떨어져 있는 집을 원하는 것이 상식인데, 시인은 '옹기종기'를 강조한다. 이것은 무슨 의미일까? 친밀하게 어울릴 수 있는, 마음이 통하는 이웃이 필요한 것이다. 소외와 고립은 시인이 원하는 바가 아니다. 그렇다고 사람이 많은 것을 바라지는 않는다. 사람은 적고, 그 대신 사랑의 빛이 넘쳐야 한다. 빛은 그가 살고자 하는 곳에서는 필수불가결한 요소다. 그리고 갈증도 없고, 어둠도 없어야 한다. 갈증과 어둠을 무엇보다 배제함은 그만큼 시인이 과거에 갈증과 어둠의 트라우마가 있었음을 역으로 보여 주는 것이다. 그 외에도 또 없어야 하는 것들이 있다. 곤봉도 쇠파이프도 없어야 하고, 거짓도 구토증도 없어야 한다.

곤봉과 쇠파이프는 군부 독재의 폭압을 경험한 자에게는, 있어서는 안 될 폭력의 상징이다. 거짓과 구토증은 정의롭지 못한 사회 현실에 대한 혐오에서 비롯되는 것 같다. 이 모든 것은 아마도 이십 대의 젊은 시절 그에게 남겨진 상흔일지 모른다. 결국 그가 꿈꾸는 유토피아는 다음과 같이 정리할 수 있다. 넓은 들판에 맑은 바람이 불고, 옹기종기 모여 살며 이마 가득 한낮의 햇빛을 받으며 과일을 따는, 그곳이 바로 그가 바라는 곳이다.

이상에서 보듯이 이진엽 시인은 실존에 대해 꾸준한 관심을 보이고, 그 상황을 극복하기 위해 '양심의 부름' 으로 세계—내—존재로서의 염려를 한다. 그러나 이런 주제 지향이 이번 시집에서 비롯된 것은 아니다. 이미 첫 시집에서 "부단한 존재 성찰과 세계 내 질서에 대한 명상"(김재홍)을 한다는 지적을 받았고, 두 번째 시집에서도 "존재론적 갈증과 꿈"(이가림)의 시세계를 펼치고 있다고 분석된 바 있다. 그러고 보면 그는 시를 발표하기 시작한 때부터 일관되게 존재의 물음을 파헤치고 있는 것 같다. 그런데 그 심도는 새로운 시집이 나올 때마다 한층 심화되고 있다. 시의 철학이 빈곤한 우리 시단의 현실에서 그의 시가 이렇게 연륜에 비례해 그 깊이를 더해 간다는 사실은 고무적인 일이다. 그의 다음 시집을 기대하는 이유이기도 하다.

시인 이진엽 李鎭燁

1956년 경북 구미 출생
성균관대 대학원 국문과 졸업
1992년 『시와시학』 신인상에 시로,
1998년 〈매일신문〉 신춘문예에 문학평론으로 등단
시집 『아직은 불꽃으로』
『낯선 벌판의 종소리』
평론집 『존재의 놀라움』
현재 대구 효성여고 교사

E-mail: piolio@hanmail.net

겨울 카프카

지은이 | 이진엽
펴낸이 | 김재돈
펴낸곳 | 도서출판 시와시학
1판1쇄 | 2013년 4월 20일
출판등록 | 2010년 8월 10일
등록번호 | 제2010-000036호
주소 | 서울 종로구 명륜동1가 42
전화 | 744-0110
FAX | 3672-2674
값 8,000원

ISBN 978-89-94889-50-4 03810